ANTIQVITÉS MEXICAINES

HENRI DE SAUSSURE

IER FASCICULE

LE MANUSCRIT DU CACIQUE

GENÈVE 1892

ANTIQVITÉS MEXICAINES

PUBLIÉES PAR

HENRI DE SAUSSURE

GENÈVE

IMPRIMERIE AUBERT-SCHUCHARDT, PÉLISSERIE, 18

1891

ANTIQVITÉS MEXICAINES

PUBLIÉES PAR

HENRI DE SAUSSURE

GENÈVE

IMPRIMERIE AUBERT-SCHUCHARDT, PÉLISSERIE, 18

1891

LE MANUSCRIT DU CACIQUE

❧ LE MANUSCRIT DU CACIQUE ☙

Le manuscrit dont nous donnons ici la reproduction est un des rares documents de ce genre qui aient échappé à la destruction systématique pratiquée par les conquérants du Mexique sur toutes les antiquités auxquelles se rattachaient les traditions politiques et religieuses des populations indigènes. Pour être resté si longtemps inconnu, il faut qu'il ait été dès l'origine soigneusement caché par les Indiens et conservé avec une vénération religieuse à l'abri des regards des Espagnols.

Ce ne fut, paraît-il, qu'en 1852 qu'on en eut connaissance pour la première fois. Un Indien de la Mysteca, se disant descendant d'une famille de Caciques, eut à plaider à Puebla en revendication de ses biens héréditaires. Comme pièce pouvant servir à la reconnaissance de ses droits, il produi-

sit, conjointement à des documents espagnols, ce manuscrit qui sans doute s'était transmis de père en fils dans sa famille. Il avait choisi comme avocat le licenciado Don Pascal Almazan, homme d'un esprit fort élevé et distingué dans les sciences, avec lequel je fus lié d'amitié. Le procès gagné, l'Indien consentit à céder le manuscrit à son défenseur.

Ce fut chez ce dernier que j'en eus connaissance peu après cette époque, et avec la plus grande obligeance Don P. Almazan me permit d'en prendre copie. J'y consacrai mes veilles avec assiduité. La reproduction, sans doute, ne saurait être parfaite, mais je veux espérer qu'elle ne laisse pas trop à désirer au point de vue de l'exactitude.

A en croire la tradition, ce document d'une origine inconnue nous donne l'histoire d'un riche Cacique de la

Mysteca, nommé Sar-Ho, qui passait pour le plus puissant seigneur de la contrée et dont la femme s'appelait Con-Huyo. Ils avaient pour résidence le lieu nommé Tindu, c'est-à-dire « la boule ».

Le manuscrit était peint sur une bande de parchemin composée de plusieurs morceaux collés ou cousus ·bout à bout et formant seize plis; il est par conséquent divisé en seize tableaux qui semblent se faire suite les uns aux autres, bien qu'il ne soit pas facile de décider exactement dans quel ordre doivent se lire les différentes parties de cette bande, car ces tableaux, comme on peut le voir, sont divisés ·par étages, et certains registres semblent être à cheval sur deux

tableaux. Le manuscrit replié était renfermé dans une boîte en bois évidemment construite pour le recevoir. Il serait impossible de dire si le document est complet, et s'il n'en manque pas le commencement, la fin,—ou même le milieu dans le cas où les coutures seraient postérieures[1]. A en juger par la dimension de la boîte, il ne devait pas toutefois être beaucoup plus volumineux. Je dois dire cependant que le dernier feuillet a été coupé à son bord droit, ce qui le rend plus court que les autres, mais il n'est pas possible de dire si c'est la marge seulement qui a été enlevée ou si l'amputation a emporté des feuillets à sa suite.

[1] Voir plus bas l'indication relative à la pl. XV.

NATURE DE LA PEINTURE

Le parchemin sur lequel est peint l'original est recouvert d'un enduit blanchâtre un peu terreux destiné à en rendre la surface lisse et à recevoir la couleur. Le trait est fait à la plume et assez épais, comme dans les autres manuscrits mexicains du même genre. Les couleurs sont au nombre de cinq ou six : le noir, servant à faire le trait, et se retrouvant dans le costume de divers personnages, etc. ; le rouge cochenille, le bleu indigo, un jaune clair rappelant le jaune gomme-gutte, puis un jaune brunâtre rappelant la couleur de la gomme-gutte en morceaux. Cette dernière couleur n'a pu être imitée exactement, les exigences de l'impression nous ayant forcé à la reproduire d'une manière conventionnelle au moyen d'un pointillé noir ajouté au jaune. Enfin, le vert apparaît dans deux tableaux,

mais il est peut-être le résultat d'une sorte d'erreur de peinture, les parties représentées en vert ayant d'abord été passées en jaune, et ensuite corrigées en bleu, ce qui aurait conduit à la couleur verte. Toutefois, au feuillet 4ᵐᵉ, le vert est appliqué à des plumes du cimier et du bouclier; dans ce cas-ci, il pourrait être intentionnel pour représenter les insignes de la majesté royale, soit les plumes du quetzal. Cette couleur se retrouve aussi dans l'ornementation de l'estrade, d'un luxe tout à fait royal, sur laquelle se meuvent les personnages. Quoi qu'il en soit, la couleur verte existe sur l'original.

L'état de conservation de ces peintures laissait fort à désirer. Dans beaucoup d'endroits, l'enduit du parchemin s'était écaillé, emportant la couleur qui le recouvrait, d'où il résulte que presque toutes les figures sont incomplètes, et qu'un bon nombre étant entièrement effacées, il se trouve dans la plupart des tableaux, surtout des derniers, des lacunes considérables. J'ajouterai que le manuscrit a évidemment été retouché à plusieurs reprises par des artistes indiens ou autres, dans le but de rétablir les parties effacées de certaines figures. On peut distinguer deux sortes de retouches : d'abord certaines portions de la peinture paraissent avoir été effacées au pinceau et refaites différemment ; puis un second genre de retouche, probablement postérieur, est venu compléter à la plume les ornements effacés, et cela d'une manière évidemment fautive : aussi n'avons-nous pas reproduit toutes ces retouches.

La pièce, avec ses défectuosités, constitue dans son ensemble un spécimen extrêmement intéressant des anciennes peintures mexicaines, bien qu'il soit peu probable qu'on puisse arriver à la déchiffrer assez complètement pour la rattacher à quelque événement de l'histoire ancienne du Mexique. Peut-être constitue-t-elle plutôt un document d'ordre religieux qu'un document historique. Le caractère des figures semble se rapprocher le plus du Codex d'Oxford.

Il est probable que ce sont des peintures analogues, moitié symboliques, moitié hiéroglyphiques, que les peintres de Montézuma étaient chargés d'exécuter pour lui rendre compte des événements qui se produisaient dans son empire.

OBSERVATIONS CONCERNANT L'ÉTAT DES PEINTURES

Il ne serait pas possible de décider partout où des figures ont été effacées en tout ou en partie. Un certain nombre d'entre elles ne sont qu'incomplètement conservées, et à plusieurs il manque une partie des couleurs. Cette observation s'applique en particulier aux chapelets de boules qui indiquent des nombres ou des dates.

Planche I. — Le guerrier 5 est en grande partie effacé, et il manque en outre des dessins qui se trouvaient à droite de cette figure. — A la figure 2, les chapelets sont incomplets. — Les figures 9 et 10 sont en grande partie effacées. — La figure 8 est un barbouillage à la plume qu'on n'a reproduit qu'en ponctué et qui, au dire de P. Almazan, pourrait être un paraphe des autorités espagnoles ou de l'Inquisition ? Un signe analogue. mais qui n'a pas été reproduit, se trouvait aussi au dernier tableau.

Planche II. — Les premières figures de gauche sont partagées, parce qu'elles se trouvent à la jonction de deux bandes de parchemin.

Planche III. — La figure 3 a une coiffure incomplète. — La figure 5 est probablement imparfaitement reconstituée. — Il y a des lacunes autour des figures 4 et 3 a (le chiffre 5 placé au-dessus du rond *a* doit être supprimé). — Les figures 10-15 ne sont que des débris du tableau d'un palais ou d'un temple qui occupait cette partie de la planche ; l'intérieur du palais 16 est également effacé, de même que les dessins qui se trouvaient au-dessus de cet édifice (6).

Planche IV. — Les dessins 2 et 9 sont incomplets, et il manque probablement quelque chose entre les figures 7 et 8. — L'appendice *a* de la figure 1 est une retouche incompréhensible.

Planche V. — Tous les dessins du haut sont incomplets. — L'appendice *a* de la figure 2 a été évidemment tracé après coup par un correcteur et remplace un dessin effacé. Il n'a donc été ajouté ici que pour mémoire. — Dans la figure 5, tout l'intérieur du temple est effacé, et la pyramide *o* est assez hypothétique aussi, de même la ligne au-dessus de l'oreille *a*.

Planche VI. — Il manque également beaucoup de détails à cette planche, surtout à ses angles gauches et à l'angle supérieur droit. —

La figure 18, coupée par un pli, a été théoriquement reconstituée par nous au moyen de lignes ponctuées, mais cette reconstitution ne s'accorde pas avec la seconde moitié de la figure qu'on trouve à la planche VII.

Planche VII. — L'intervalle entre les figures 1 et 2 était peut-être occupé par des dessins aujourd'hui effacés ; il en manque en tout cas dans le haut, de même que vers l'angle inférieur droit de la planche.

Planche VIII. — Il manque ici beaucoup de détails dans le haut. et les parties 17, 18 sont effacées. ainsi que ce qui se trouvait dans le bas, à gauche.

Planche IX. — Mêmes observations. Les figures qui occupaient les espaces compris entre les chiffres 3 et 6 sont entièrement effacées. La figure 4 est incomplète aussi. et la figure 8 l'est au point de vue des couleurs. — Dans la figure 9, la partie *a* serait peut-être plus exactement figurée comme nous avons essayé de la reproduire en *a'*.

Planche X. — Le haut est très incomplet. — La figure 1 est incompréhensible. — Aux figures 10 et 14 il manque probablement des couleurs.

Planche XI. — Le haut de la planche est plus ou moins effacé. Il y a également des parties incomplètes au sommet des figures 6, 7. 8 et peut-être 10. Le sol inférieur est également incomplet. — Dans le panneau bleu de droite, le personnage 13 est effacé.

Planche XII. — Parties incomplètes en haut. à gauche. — La figure 14 semble être analogue à la figure 12. — Les annexes au-dessus du temple (figure 1) offrent également des parties effacées.

Planche XIII. — Comme toujours, quelques parties effacées au sommet.— La figure 12 est incomplète, et la figure 15 est en partie effacée, de même que tout ce qui se trouvait au delà de cette figure.

Planche XIV. — Le haut est plus ou moins effacé, de même que les angles inférieurs de la planche. — Les sommets de la figure 3 sont hypothétiques. — La figure 10 est inexplicable. — Entre les figures 11. 12 et 13, il manque divers signes.

Planche XV. — Très effacée dans sa partie supérieure et inférieure et dans sa partie droite. De la figure 7 il ne subsiste qu'une partie du casque et du manteau. On ne saurait dire si elle doit représenter un personnage ou seulement un trophée. — Les annexes des figures 5 et 6 manquent en grande partie. — Dans la figure 8, la main a été mal reproduite. C'est la main gauche ; elle est fermée, avec le pouce et l'index tendus, les trois autres doigts montrant leurs ongles. — Figure 4 : sur la partie jaune du toit du palais se trouvait une annotation écrite en mexicain, trop effacée pour être lue.

Ce tableau, peint sur la même feuille de parchemin que le tableau XVI. était réuni au XIVme par une bande cousue, de 2 ou 3 centimètres de largeur, et ne portant aucune peinture. La bande ajoutée après coup a probablement remplacé le commencement du tableau XV, car les figures de ce côté-là sont coupées brusquement. La mutilation peut du reste avoir été plus considérable ; il est possible qu'il manque ici un ou plusieurs tableaux et que la bande cousue ait servi, non à réparer une simple déchirure, mais bien à réunir des parties différentes du manuscrit.

Planche XVI. — De toute manière très incomplète. — Figure 4, complètement effacée et entièrement hypothétique. — Figure 9. Ce qui restait de la peinture laissait entrevoir un individu tourné vers la figure 8 et les bras étendus horizontalement. La tête a été refaite par un correcteur mal avisé qui n'a pas craint de barbouiller aussi un grand nombre d'autres figures. — La figure 4 est incomplète et a été coupée, de même que la figure 9. — Les dessins du registre inférieur sont en plus grande partie effacés ; ce qu'il en reste a été exactement copié.

Ce tableau n'est peut-être pas le dernier du manuscrit primitif Cela semble ressortir du fait que sa marge droite a été coupée.

Début d'une série de documents
en couleur

MANUSCRIT
MEXICAIN
PUBLIÉ PAR
HENRI DE SAUSSURE
1891

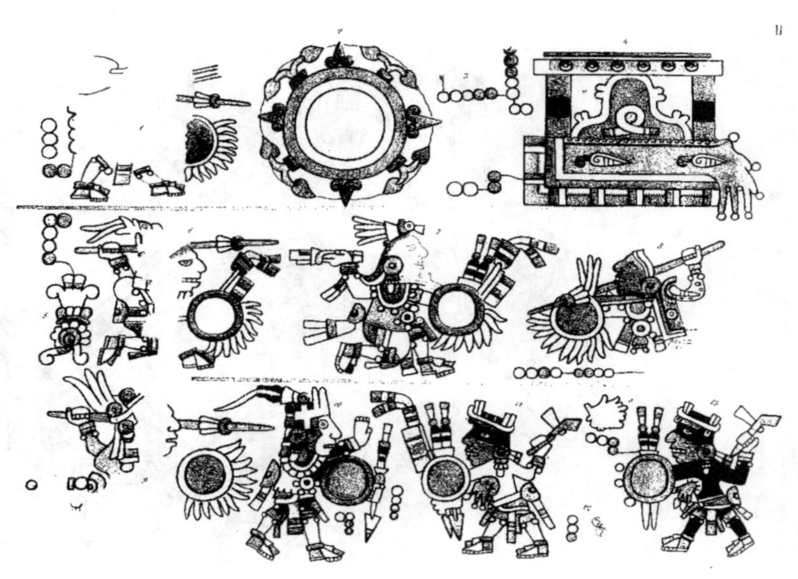

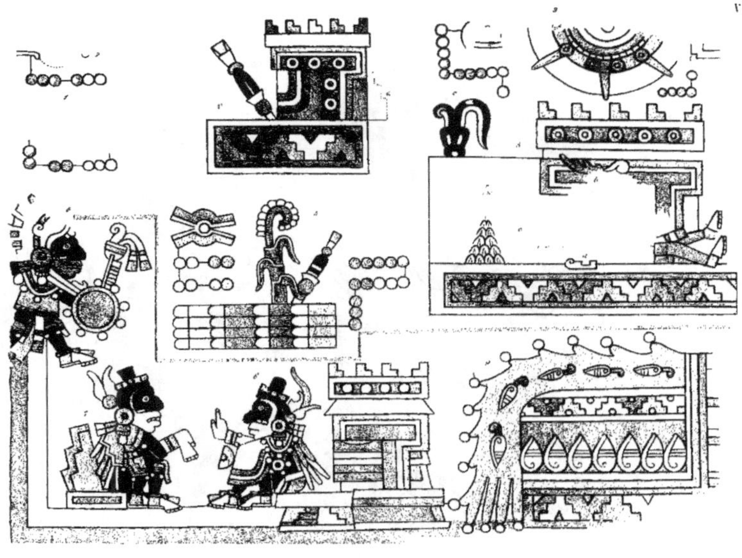

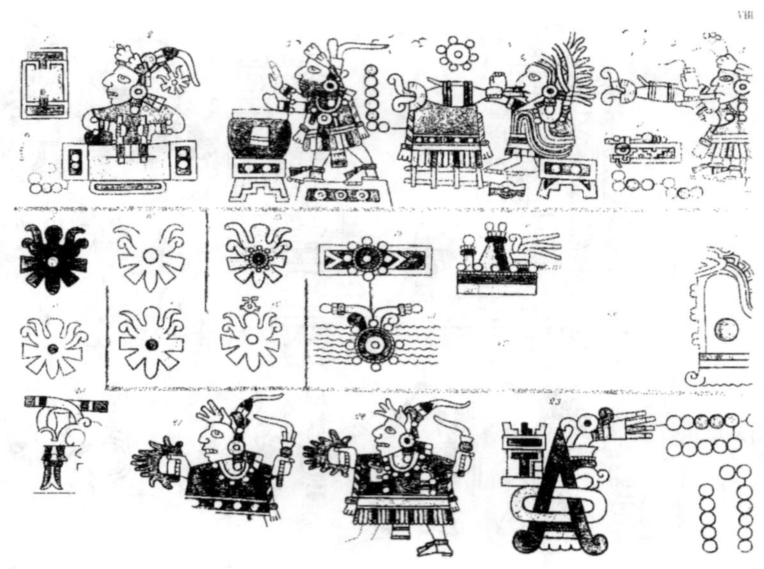

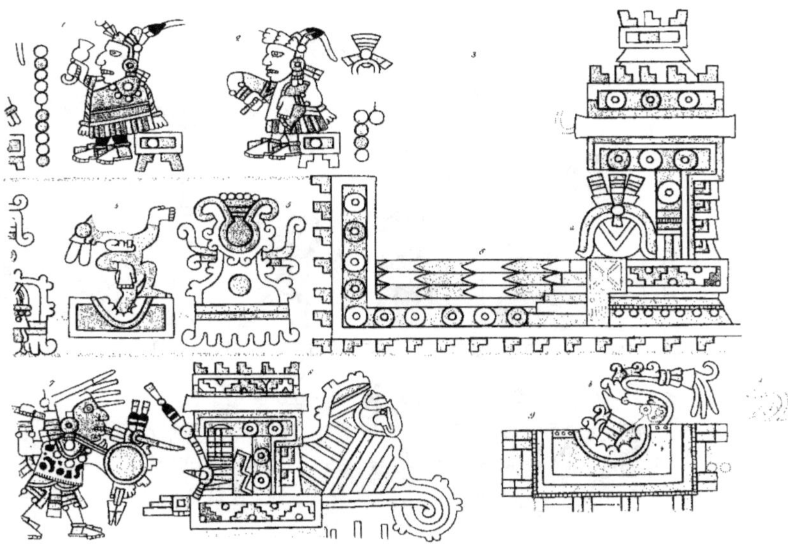

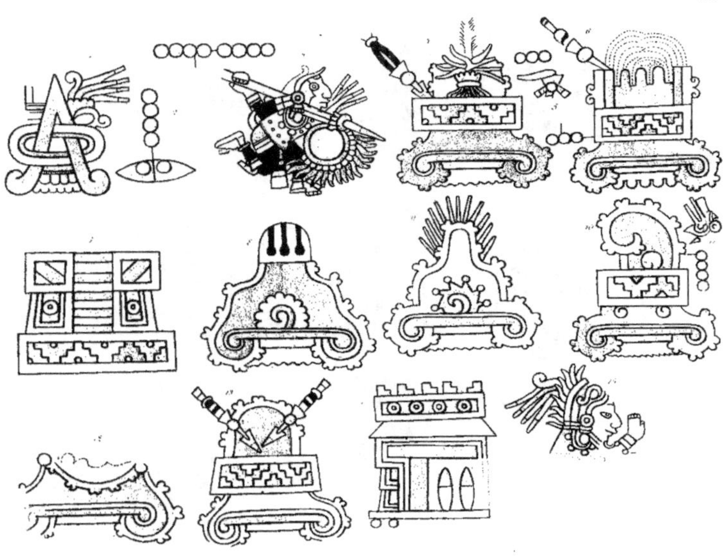

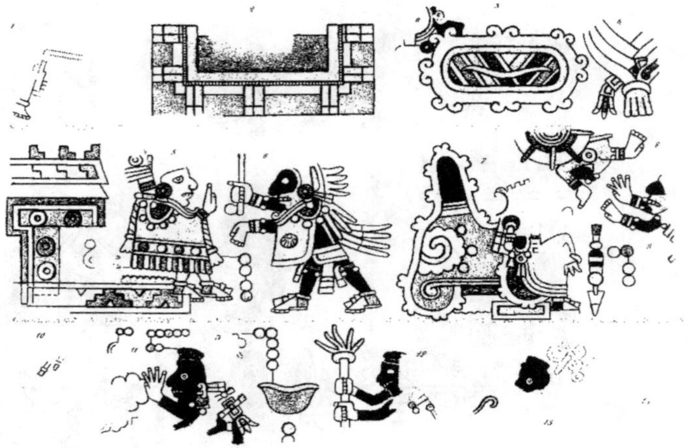

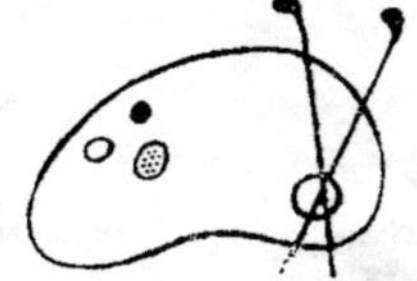

Fin d'une série de documents
en couleur